LA RÉVÉRENDE

MÈRE MARIE STANISLAS

FONDATRICE ET SUPÉRIEURE

DES

SŒURS GARDE - MALADES D'AVIGNON

Après sa mort
elle vous parle encore... Écoutez-la !

AVIGNON

AUBANEL FRÈRES, ÉDITEURS, IMPRIMEURS

de Sa Sainteté, de l'Archevêché d'Avignon
Mgr l'Évêque de Terracine, Sezze et Piperno.

—

1880

LA RÉVÉRENDE

MÈRE MARIE STANISLAS

FONDATRICE ET SUPÉRIEURE

DES

SOEURS GARDE - MALADES D'AVIGNON

Après sa mort
elle vous parle encore... Écoutez-la !

AVIGNON

AUBANEL FRÈRES, ÉDITEURS, IMPRIMEURS

de Sa Sainteté, de l'Archevêché d'Avignon
et de Mgr l'Evêque de Terracine, Sezze et Piperno.

—

1880

LA RÉVÉRENDE MÈRE MARIE STANISLAS

FONDATRICE ET SUPÉRIEURE

DES

SŒURS GARDE-MALADES D'AVIGNON.

Après sa mort
elle vous parle encore... Écoutez-la !

Samedi, 3 Janvier, à la dernière heure de ce jour consacré à la Ste Vierge, la Révérende Mère *Marie Stanislas*, Fondatrice et Supérieure générale des Sœurs du Tiers-Ordre de St François (Garde-Malades), rendait son âme à Dieu, après avoir vécu 45 ans en religion et gouverné sa Communauté pendant 33 ans.

Elle allait à Dieu souriante et paisible, s'éteignant doucement presque sans agonie, quelques heures après que Mgr l'Archevêque, pour qui elle avait la plus profonde vénération et qui de son côté l'affectionnait tout particulièrement lui eut donné sa bénédiction.

Si l'*éloge des larmes* est, pour un mort, le plus bel éloge, il n'a pas manqué à cette vénérée Supérieure ; et on peut dire, sans exagération que la ville entière s'est associée au deuil de la famille religieuse qu'elle laisse orpheline.

Il ne nous appartient pas de pénétrer dans l'intérieur de la maison qu'elle avait fondée, pour montrer ce qu'elle y avait mis d'*esprit de Dieu, de paix, d'abnégation, de dévouement* surtout. Les familles qui ont eu chez elles quelques-unes des enfants formées par cette bonne mère — et ces familles sont nombreuses — ont pu apprécier dans chacune des Sœurs garde-malades, les vertus que leur avaient insinuées et les exhortatious si maternelles et surtout les exemples de la Révérende Mère — *Allez, mes filles*, disait-elle le soir en leur donnant sa bénédiction, au moment où les Sœurs partaient pour leur veille de la nuit, *allez et soyez toujours dignes et dévouées — dignes et dévouées* c'est bien le résumé de ses leçons.

Trois vertus nous semblent caractériser la R. Mère Stanislas :

Son union avec Dieu, — Son oubli d'elle même, — Sa simplicité.

I

UNION AVEC DIEU.

Dans ses dernières années surtout, elle s'était, pour ainsi dire, *retirée en Dieu*; agissant sans doute, ne perdant pas de vue son *devoir* — ce *devoir* dont elle parlait si souvent et qu'elle tenait si fortement à accomplir — mais fermant les yeux dès qu'elle était seule, et regardant en elle-même *où résidait le bon Dieu* et priant à peu près continuellement.

Si elle n'était pas au travail commun, on était sûr de la trouver à la chapelle, dans un petit coin retiré de l'oratoire de St Joseph où elle demeurait immobile, le visage rayonnant; le plus souvent récitant *son Rosaire* qu'elle n'a pas manqué de dire, peut-être une seule fois, pendant sa vie de religieuse.

Cette *union à Dieu* lui donnait une grande *paix* au milieu des peines qu'elle a éprouvées, et on était étonné, alors qu'on savait de quelles angoisses son cœur si délicat était déchiré, de voir son visage un peu triste sans doute, mais toujours serein — c'était un visage *reposé*, reflet d'une âme qui s'appuie sur Dieu et que rien n'ébranle.

Cette *union à Dieu* lui avait montré dans l'*abandon à la Providence* la source de sa force et de son habituelle sérénité et tous ceux qui ont eu avec elle quelques rapports tant soit peu intimes ont été frappés de cette exclamation qui s'échappait souvent de ses lèvres: *Providence de mon Dieu!* et du sentiment avec lequel elle le prononçait.

C'était avec une affection toujours nouvelle qu'elle récitait les *Litanies de la Providence* en usage quotidien dans sa Communauté. *Je ne suis pas la maîtresse de la maison* disait-elle, *c'est Dieu !* — *Faites ce qui dépend de vous* redisait-elle fréquemment, *Dieu fera le reste ; il est obligé de le faire puisque c'est son œuvre que nous accomplissons.*

Que de fois, elle disait à ses Sœurs qui venaient lui raconter leurs appréhensions, leurs craintes, ou les humiliations qu'elles avaient reçues : *Voyez plus haut, mes enfants, voyez plus haut ; c'est le bon Dieu qui permet tout !*

Que de fois en envoyant ses Sœurs un peu timides dans une maison où elles entraient pour la première fois, elle leur disait : *Entrez là, vous y trouverez le bon Dieu si vous voulez le chercher ; et avec le bon Dieu on est gardée.*

Un jour qu'une Sœur vint toute troublée, lui faire part des inquiétudes qu'elle éprouvait dans une maison où elle avait veillé ; *Mais, mon enfant,* répondit-elle avec beaucoup de paix, *vous n'y avez donc pas trouvé le bon Dieu dans cette maison ; il y était cependant.* — Le bon Dieu, elle le voyait partout. *Secouez, secouez vos robes* disait-elle, *la boue n'entre pas dans une âme où est le bon Dieu.*

C'était cette union à Dieu qui la soutenait. *Ah !* disait-elle, *sans la pensée que Dieu veille sur mes enfants pendant leur travail de la nuit si difficile et si dangereux, je ne resterais pas huit jours Supérieure.* Aussi tous les soirs, après le départ de ses Sœurs, avant de se mettre au lit, restait-elle longtemps en prière recommandant ses enfants au Cœur de Jésus, à la Sainte-Vierge qu'elle a tant aimée d'une affection bien filiale, et aux saints Anges gardiens. Le soir de sa mort, vers dix heures, — l'heure où habituellement elle priait pour ses Sœurs, — elle souleva péni-blement la tête et se tournant vers une des Sœurs qui la gardaient: *Aidez-moi*, dit-elle, *à dire mes trois Ave Maria pour mes enfants qui veillent ; j'allais les oublier.* — Oh ! comme elle les aimait ses enfants! Comme elle soignait leur âme ! Comme elle était recon-naissante envers tous ceux qui leur faisaient du bien !

Elle *lisait* peu, mais elle *priait* beaucoup ; Dieu lui avait fait comprendre qu'on forme mieux son âme devant le S. Sacrement que par le moyen des livres. Aussi voulait-elle que ses sœurs prissent le gout de la prière plutôt que le gout de la lecture : *Chez vos malades, la lecture vous absorberait*, leur disait-elle ; *je vous aime mieux un chapelet qu'un livre dans la main.*

En dehors des livres connus et que pos-sède toute Communauté elle permettait difficilement la lecture des livres pieux même les plus en vogue ; plus d'une fois elle a en-levé aux Sœurs et fait disparaitre de la Communauté des ouvrages ascétiques *trop beaux et trop élevés*, disait-elle, *pour mes pau-vres enfants ; et qui leur ferait croire qu'elles sont appelées à autres chose qu'à soigner des malades.* Il y avait beaucoup de prudence dans cette manière d'agir.

Dieu avant tout, Dieu plus que tout c'était le mobile de toute sa conduite ; c'était la pensée qu'elle s'efforcait de faire pénétrer dans l'âme de toutes ses Sœurs.

II

OUBLI D'ELLE MÊME.

Son oubli d'elle même était porté presque à l'excès. Elle avait pour maxime : *la dernière en tout, la dernière pour tout,* et cette maxime elle la mettait si bien en pratique qu'il fallait qu'on prit soin de lui faire prendre le peu de nourriture que son estomac débile pouvait supporter. — *Après mes enfants,* disait-elle souvent — *Moi, ça ne vaut la peine,* répétait-elle dans une foule de circonstances et toujours avec un accent de conviction qui montrait la vérité du sentiment qu'elle manifestait.

Pendant sa dernière maladie, elle ne parlait que pour s'inquiéter des autres, et jusqu'au dernier moment c'était toujours les fatigues de ses Sœurs qui la préoccupaient. On s'étonnait autour de son lit, de cette présence d'esprit qui lui rappelait qu'il fallait à telle heure procurer un soulagement ou éviter une peine à quelqu'un. *Que personne ne souffre,* disait-elle, *et je serais contente.* — Quelque fois, après un long silence, elle sortait de son recueillement pour s'informer si telle Sœur avait pris sa nourriture ; le moindre acte de bonté envers elle excitait sa reconnaissance. Oh ! comme elle a remercié Monseigneur des deux visites qu'elle a reçues, comme elle répétait avec effusion de cœur : *Monseigneur est bien bon de venir me voir !*

Le bon Dieu l'avait douée d'*un grand bon sens* qui lui faisait voir avec clarté et rapidité la solution des difficultés qui se présentaient à elle, et malgré cette rectitude de jugement, elle n'agissait jamais sans soumettre ses vues et suivait avec une humilité sincère les avis qu'on lui donnait. *Quand mes Supérieurs ont parlé*, disait-elle, *je n'ai plus aucun souci.* On a vu rarement une âme plus obéissante.

Conscience délicate, la moindre apparence de mal la troublait et l'eut portée à laisser la Sainte Communion dont elle était cependant si pieusement avide, mais une parole de son confesseur suffisait pour la rassurer. Là, comme en toute chose, ce ne sont pas *des raisons* qu'elle demandait mais *une simple décision. C'est le bon Dieu qui me parle*, disait-elle, et cette parole était une parole bien sincère, elle partait du cœur.

Une chose difficile à obtenir des âmes chez qui l'humilité n'est pas encore une vertu, c'est la modération et la soumission dans les *mortifications.* La mère était portée, par instinct, à mortifier ses sens ; au commencement, elle résistait bien un peu à la parole de son confesseur, mais bientôt Dieu lui fit comprendre que c'est *l'obéissance* plus que *le sacrifice* qu'il demande et que la mortification de la volonté est préférable à celle des sens ; aussi ne dépassait-elle jamais les permissions qu'on lui donnât, et celui qui la dirigeait n'oubliera pas le ton humble et soumis avec lequel elle répétait à chaque commandement qui lui était fait : *Oui, mon Père !* c'était *oui* à tous les ordres, *oui* à tous les conseils, un *oui* sans arrière pensée.

Elle savait *se prêter à tout* et voulait toujours aider ses Sœurs dans tout ce qu'elles faisaient. Que de fois, il a fallu lui enlever le balai des mains !

Elle *se prêtait à tous* et ce ne sont pas seulement ses sœurs qui ont trouvé auprès d'elle la consolation dont elles avaient besoin ; que de fois, la grande salle qui précéde la chapelle, a vu des personnes du monde — pauvres et riches — venir demander à la mère *une bonne parole* une de ces paroles de Dieu qu'elle savait si bien dire. Nous devons ici être discret, mais nous savons que beaucoup d'âmes perdent en elle *une directrice* qui, sans penser certes qu'elle avait ce pouvoir, les éclairait, les fortifiait, les apaisait surtout.

Nous ne parlons pas de *sa charité,* les sœurs qu'elle a formées et qui ne vivent que pour se dévouer et se donner, disent mieux que toutes les paroles ce qu'il y avait chez elle de dévouement. C'est par les œuvres que se connait la vertu, or les sœurs garde-malades d'Avignon sont l'œuvre de la mère Stanislas.

III

SIMPLICITÉ.

Etre simple c'est surtout *aller droit* et ce mot exprime parfaitement le caractère de la Révèrende mère, vraie fille de S. François ; elle se montrait toujours telle qu'elle était. *Oui* ou *non* ; *je le puis* ou *je ne le puis pas* ; elle ne savait dire que ce qu'elle voyait. Dans les affaires si nombreuses qu'elle a eu à traiter, on ne l'a jamais vue recourir à ces artifices de langage et à ces dissimulations par lequels les prudents du siècle savent se tirer d'embarras et parvenir à leur but. Quelquefois quand elle était embarrassée et qu'elle ne pouvait consulter, elle gardait le silence et disait simplement *nous verrons*, mais jamais elle n'aurait dit ce qu'elle ne pensait pas.

Les ruses, les mots à double entente, les petites tromperies, elle ne pouvait les souffrir et quand elle voyait une personne se servir de ces moyens détournés qui dissimulent un peu la vérité, elle ne pouvait s'empêcher de témoigner son déplaisir. Elle appelait les âmes droites comme la sienne *les gens d'autrefois* et c'étaient les seules qui avaient sa confiance. Faisant allusion aux compliments affectés ou aux paroles peu franches : *Je n'aime pas les mots de nature*, disait-elle souvent, *ne m'en dites jamais, jamais.*

Elle était simple dans les paroles qu'elle adressait à ses religieuses soit au chapitre soit au noviciat, mais ses paroles pénétraient ; on sentait qu'elles étaient inspirées par l'amour de Dieu et l'amour des âmes à qui elle s'adressait. Elle ne parlait jamais sans avoir préparé devant le S. Sacrement ce qu'elle avait à dire, mais que de fois elle a avoué simplement *que tout ce qu'elle avait préparé s'était évanoui et qu'elle avait dit des choses sans savoir d'où elles venaient.* Elles le savaient bien celles qui l'écoutaient, *ces choses venaient de Dieu.*

Elle était simple dans ses rapports avec les personnes les plus élevées en dignité; et auprès d'aucune d'elles elle ne s'est jamais sentie gênée ; c'est qu'elle allait à tous avec franchise et avec bonhomie. Sans avoir ce qu'on appelle dans le monde *l'esprit de repartie* elle avait toujors le mot juste et à propos et personne ne la quittait sans être enchanté de ce qu'elle avait dit et de la manière dont elle l'avait dit.

Elle était simple dans sa tenue toujours propre ; elle marchait doucement, plutôt avec lenteur qu'avec empressement comme quelqu'un qui porte un objet précieux — la tête un peu penchée en avant, les yeux toujours baissés, les mains appuyées l'une sur l'autre et ordinairement, dans les rues, récitant son chapelet.

Elle était simple dans sa piété ; rien d'affecté ni rien de trop extérieur, mais un grand respect pour la présence de Dieu. Les Sœurs n'oublieront jamais cette voix douce, lente, un peu voilée, mais si suave et si céleste qu'elles entendaient au commencement de la prière en commun et au moment où, la prière finie, la Mère saluait le Très-Saint Sacrement. — Elles n'oublieront pas non plus ce qu'il y avait de sainte et angélique maternité dans les embrassements qu'elle donnait à ses Sœurs quand elles allaient, pour plusieurs semaines, soigner un malade dans la campagne ou qu'elles revenaient après une absence prolongée !

Bonne et sainte mère, du ciel où vous êtes, veillez sur vos enfants ! Obtenez leur ces vertus que vous possédiez sans le savoir, *l'union à Dieu et l'esprit d'oraison — l'oubli de soi-même et l'obéissance — la simplicité qui maintient la charité, la paix et la douce aménité dans les rapports mutuels.*

Continuez-leur vos enseignements si sages, si pieux, si pleins de force ; c'est toujours vous qu'elles verront, qu'elles entendront.

Votre place à la chapelle leur dira votre piété paisible, douce et respectueuse ; votre recueillement après la Ste Communion, votre esprit de foi en approchant du tribunal de la pénitence.

Votre place au réfectoire leur dira votre soumission à accepter ce qu'on vous donnait.

Votre place en récréation leur dira votre prudence, votre paix votre charité surtout, et votre aimable condescendance.

Votre cellule, devant laquelle elles passeront souvent et qu'elles vénèreront comme on vénère la cellule d'une sainte, leur redira votre bonté pour les recevoir, votre patience pour les entendre, votre affection pour les consoler!

Et cette salle où pendant près de *trois jours* elles ont eu la satisfaction douloureuse d'entourer votre corps inanimé de leurs larmes et de leurs prières, oh! comme elle leur montrera, longtemps encore, votre visage souriant que la mort avait embelli et sur lequel semblait briller le reflet d'un rayon tombé du ciel!

☩

La R. Mère Stanislas est appelée *fondatrice*
parce qu'elle a été la première supérieure régu-
lièrement élue depuis que Monseigneur Debelay,
archevêque d'Avignon, eut donné des règles à
la petite Communauté des Sœurs du Tiers-Ordre
de S. François en 1854.

Le fondateur fut l'abbé Rolland, vicaire de
S. Pierre dans Avignon, mort le 11 avril 1853.

Ce prêtre zélé qui avait occupé une position
honorable dans l'Enregistrement et n'était entré
dans les Saints Ordres qu'à l'âge de 50 ans, fut
ému, dès les premières années de son ministère,
de l'abandon spirituel et même temporel dans
lequel était laissés beaucoup de malades ; il
réunit quelques personnes pieuses leur deman-
dant de se dévouer à l'œuvre si méritoire mais
si pénible de *garde-malades* et après quelques
années, il s'adressa à la Communauté des Sœurs
de S. François du Puy pour avoir une de leurs
Sœurs et la mettre à la tête de sa petite
maison.

Ce fut en 1843 que Mère Stanislas vint à
Avignon accompagnée de la *Sœur de Tous les
Saints* et y resta d'abord trois ans.

Rappelée au Puy par ses Supérieurs, pour y
rétablir sa santé altérée, elle y fut nommée
supérieure.

En 1850, Monseigneur Debelay la redemanda,
et la Mère Stanislas revint à Avignon avec la

Mère *Rosalie* qui depuis cette époque lui a servi d'assistante.

Mgr Martin , protonotaire apostolique , alors vicaire-général de Monseigneur Debelay . fut chargé de la direction de la Communauté. Il se dévoua à l'œuvre naissante, c'est à son zèle , à son activité , à son esprit de Dieu que la maison de S. François doit le bon esprit qui l'anime encore aujourd'hui.

La première maison des Sœurs fut établie *rue de la Croix* ; c'est en 1857 que la Communauté vint habiter le Portail-Magnanen.

Les Sœurs garde-malades ont été approuvées par le Gouvernement en 1853.

—

La R. Mère Stanislas est née à Chantugier, paroisse de Sorlhac, canton de Langeac (Haute-Loire) le 30 août 1812, elle fit sa première communion chez les Sœurs de S. François de Vernassal, puis fut placée chez *les Dames de l'Instruction* à S. Paulien et au Puy — elle entra au noviciat des Sœurs de S. François du Puy, le 21 novembre 1835, prit le saint habit le 2 juillet 1836 el fit sa profession le 19 juillet 1837 — elle est morte le 3 janvier 1880.

Avignon. — Imp. Aubanel frères.